BEI GRIN MACHT SICH IHR
WISSEN BEZAHLT

AF168060

- Wir veröffentlichen Ihre Hausarbeit,
  Bachelor- und Masterarbeit

- Ihr eigenes eBook und Buch -
  weltweit in allen wichtigen Shops

- Verdienen Sie an jedem Verkauf

Jetzt bei www.GRIN.com hochladen
und kostenlos publizieren

Bibliografische Information der Deutschen Nationalbibliothek:

Die Deutsche Bibliothek verzeichnet diese Publikation in der Deutschen National-
bibliografie; detaillierte bibliografische Daten sind im Internet über http://dnb.d-
nb.de/ abrufbar.

Impressum:

Copyright © 2019 GRIN Verlag
Druck und Bindung: Books on Demand GmbH, Norderstedt Germany
ISBN: 9783346040152

Dieses Buch bei GRIN:

https://www.grin.com/document/502421

Robert Klötzer

Die Europäische Union und ihre Größenordnung

Zwischen Macht und Machtlosigkeit

GRIN Verlag

GRIN - Your knowledge has value

Der GRIN Verlag publiziert seit 1998 wissenschaftliche Arbeiten von Studenten, Hochschullehrern und anderen Akademikern als eBook und gedrucktes Buch. Die Verlagswebsite www.grin.com ist die ideale Plattform zur Veröffentlichung von Hausarbeiten, Abschlussarbeiten, wissenschaftlichen Aufsätzen, Dissertationen und Fachbüchern.

Besuchen Sie uns im Internet:

http://www.grin.com/

http://www.facebook.com/grincom

http://www.twitter.com/grin_com

Die Europäische Union und ihre Größenordnung
Zwischen Macht und Machtlosigkeit

Eine Analyse der Schlüsselfunktionen

Hausarbeit

Robert Klötzer

Inhaltsverzeichnis Seite

1. Einleitung

Die Europäische Union (EU) ist in den letzten Jahren signifikant ausgebaut und erweitert worden. Die Eintrittsbestrebungen vieler Länder halten bis heute an. Insbesondere die zunehmende Größe der Europäischen Union ist dabei kontrovers zu diskutieren. Es ist die Frage zu klären, ob Europa ab einer gewissen Größe zu groß ist, um sich selbst zu steuern und zu regieren, und ob der Beitritt neuer Mitgliedsstaaten einen Schlüsselbaustein für den Machtausbau oder doch für eine Selbstzerstörung darstellt.

Viele ungelöste Probleme im Inneren des europäischen Systems sorgen für eine immer weiter zunehmende Unvereinbarkeit. Interessanterweise sorgen diese Probleme nicht für den Abbruch einer Expansionsbestrebung, sondern bringen sie sogar noch weiter voran. Die EU wird zunehmend handlungsunfähig und viele ungelöste interne Probleme wie der Brexit, der Aufstieg populistischer Parteien, Nationalismus sowie Finanzkrisen verstärken dies. Kulturelle, politische und wirtschaftliche Unterschiedlichkeiten von Bestandsländern sowie von potenziellen neuen Beitrittskandidaten führen zu der Frage, ob die EU sich erweitern und vergrößern soll. Welche Größe ist die richtige, um ein Europa zu sein, das stabil im Kern und handlungs- und konkurrenzfähig in der Welt ist? Kann Europa geographisch, politisch und wirtschaftlich noch größer werden? Wie zielführend ist dies und kann eine weitere Ausdehnung oder eine Stabilisierung zu einem Erfolg führen? Ist vielleicht sogar eine Stabilisierung nur durch eine Ausdehnung möglich?

In der Fachliteratur wird die Untersuchung der Europäischen Union mit ihrer Größenordnung und der primären Frage „Wieviel Europa braucht Europa?" nicht abgehandelt. In der Forschung selber gibt es keine allumfassende Untersuchung, die sich schwerpunktmäßig ganz einheitlich meiner Frage nähert. Es werden meist nur Teilaspekte und andere spezifische Fragen untersucht. Insbesondere werden wenige Parallelen und ganz einheitliche Muster gezogen zu der Größe der Europäischen Union und ihre damit verbundene Stabilität. In jedem Werk wird eine spezifische Teilfrage für diese Arbeit umfassend und detailliert beschrieben und untersucht. Insbesondere bei populären Fragestellungen, wie z.B. der Brexit oder die der Finanz defizitären Länder im Hinblick auf die Frage nach einen Ausschluss aus der EU, für eine Stabilisierung Europas, zeichnet sich ein überproportionaler Literaturbestand ab.

Der nachstehende Hauptteil ist in drei Abschnitte untergliedert, die sich mit der Fragestellung aus 1. auseinandersetzen. Der erste Abschnitt beschäftigt sich mit der Größe der EU im Zeitverlauf und gibt eine Prognose der Entwicklung für die Zukunft ab. Im Mittelteil des Hauptteils wird sich zuerst eingehend mit Überdehnungen und Expansionsbestrebungen anderer geschichtlichen Größen beschäftigt. Anschließend, also nach dem Vergleich der EU mit anderen Staatenbündeln, erfolgt eine Auseinandersetzung mit dem Nutzen, den Grenzen und Problemen einer Erweiterung der EU. Im letzten Teil des Abschnittes werden die rechtlichen Grundlagen für eine Erweiterung miteinbezogen und der Umgang hiermit verdeutlicht. Im Abschnitt 3 werden verschiedene Szenarien verdeutlicht, mit denen die EU zukunftsfähig sein könnte. Hierbei wird der Rückbau sowie die Möglichkeit der Ausdehnung beleuchtet und im Detail ausdifferenziert. Abschließend erfolgt die Beantwortung und Bewertung der Fragestellung in einem Fazit.

2. Entwicklungen der Mitgliederzahl der EU

2.1 Historischer Verlauf

Seit 62 Jahren nunmehr existiert die Wirtschaftsgemeinschaft in Europa, die ursprünglich nur aus sechs Staaten bestand (Deutschland, Frankreich, Italien und die drei Beneluxländer). (vgl. Oppermann 2007: 1) Inzwischen ist die EU mit über einer halbe Milliarden Menschen der größte Binnenmarkt der Welt. „Das "karolingische" Europa der sechs Gründerstaaten von Rom erweiterte sich 1973 nach Norden um Dänemark, Großbritannien und Irland, 1981 und 1986 im Süden um Griechenland und die iberische Halbinsel sowie 1995 mit der sogenannten "EFTA-Erweiterung" um Finnland, Österreich und Schweden. 2004 und 2007 erfolgte schließlich der erwähnte große "Sprung" zur Mega-Union von 27 Mitgliedern durch den Beitritt von 10 ostmitteleuropäischen Transformationsstaaten sowie Maltas und Zyperns." (Oppermann 2007: 6) Inzwischen haben wir 28 EU-Mitgliedsstaaten, wovon 19 Länder den Euro als Währung haben. Besonders erwähnenswert wird in dieser Arbeit der „große Sprung", wie ihn Oppermann beschreibt, sein. Dieser war entscheidend für die Prägung der heutigen Europäischen Union und ist ein Schlüsselmoment, um die Frage „Wieviel Europa braucht Europa?" zu beantworten. „Am 1. Mai 2004 wurde die Osterweiterung der Europäischen Union vollzogen. In der bisher umfangreichsten Erweiterungsrunde in der Geschichte der Union traten zehn Staaten, Estland, Lettland, Litauen, Polen, Tschechien, Slowakei, Ungarn, Slowenien, Malta und Zypern der EU bei. Acht dieser zehn Staaten verbindet das sozialistische Erbe." (Dieringer 2004:167) Das von Dieringer erwähnte sozialistische Erbe ist einer der vielen heutigen problembehafteten Ausgangspunkte, die sich als großes Schlüsselproblem herausgestellt haben. (Verweis: 3.1.)

2.2 Prognostizierte Verläufe

Es bleibt abzuwarten, ob Großbritannien den EU-Austritt durchführen wird. Da aber mit großer Wahrscheinlichkeit der im Jahre 2016 durch ein Referendum beschlossene Brexit durchgeführt wird, wird die EU dann erstmals seit Anfang der EU-Geschichte schrumpfen. Die politische, wirt

4

schaftliche und auch kulturelle Tragweite, die der Austritt Großbritanniens mit sich bringt, könnte ein Auslöser für weitere Austrittsbestrebungen anderer EU-Länder werden und somit einen Mitgliederzerfall einläuten. Allerdings gibt es dafür bislang europaweit keinen Trend. „Einem halben Dutzend weiterer Balkanstaaten ist seit 2000 eine "Beitrittsperspektive" eröffnet worden. Sie gelten als so genannte "Partnerländer", deren wirtschaftlich-soziale Entwicklung von der EU im Rahmen einer Heranführungsstrategie unterstützt wird, damit bei Erfüllung bestimmter Kriterien Beitrittsverhandlungen aufgenommen werden können. Wenn diese aufgenommenen Verhandlungen und die Perspektiven zum Erfolg führen, wäre eine Union von weit über 30 Mitgliedstaaten und einer Bevölkerung zwischen 600 und 700 Millionen Bürgern zu erwarten." (Oppermann 2007: 6) Aktuell existieren fünf Kandidatenländer (Albanien, Montenegro, Nordmazedonien, Serbien und Türkei), und zwei potenzielle Kandidatenländer (Bosnien und Herzegowina, Kosovo), die den Beitritt in die EU anvisieren. Es ist damit zu rechnen, dass die EU trotz des möglichen Austritts Großbritanniens-weiter anwächst.

3. Die Erweiterung der EU

3.1 Imperiale Überdehnung in Europa im historischen Kontext

Der Politikbegriff der imperialen Überdehnung stammt aus der Staatstheorie und beschreibt mächtige Staaten mit großem geographischen Einflussbereich. Diese Staaten setzen die Mehrzahl der ihnen zur Verfügung stehenden materiellen und personellen Ressourcen ein, um an einer Vielzahl von Einsatzorten gleichzeitig präsent zu sein. Damit überfordern sie ihre eigenen Kräfte und laufen Gefahr, hieran auf lange Sicht zugrunde zu gehen. Die Geschichte zeigt dieses Phänomen hinreichend auf. Exemplarisch kann an dieser Stelle dafür das Perserreich und Römerreich genannt werden, welche hauptursächlich durch imperiale Überdehnungen zugrunde gegangen sind. „Die Geschichte kennt viele große Mächte, die an Überdehnung zugrunde gegangen sind, aber keine, die durch Überdehnung entstanden sind." (Winkler 2006: 41) Die Europäische Union ist ein Verbund von Staaten, welche aus dem Prozess der Ausdehnung entstanden ist. Nach Winkler stellt die einstige Ausdehnung inzwischen eine Überdehnung dar, woraus sich die EU weiterentwickelt. Dies wird aus dem Blickwinkel der Zukunft eine erstmalige und einzigartige Entwicklung sein, die es so noch nicht gab. Deswegen sind Prognosen zu den Folgen und Ergebnissen schwierig zu treffen. „Zum ersten Mal seit über 1000 Jahren haben 27 europäische Völker, deren Geschichte bis dahin geprägt war von gegenseitigen Kriegen, Raub und Mord, sich freiwillig zu einer politischen Organisation zusammengeschlossen und ihr politisches Schicksal miteinander verbunden." (Hänsch 2009: 71) Durch Globalisierung und europäische politische Veränderungen steht Europa vor historisch einmaligen Herausforderungen und Transformationsprozessen. Wirtschaftskrisen, globale Erwärmung, demografische Veränderungen und viele weitere Aspekte sorgen für Krisensituationen. „Ein aufgeklärtes europäisches Wir-Gefühl kann nur auf beidem beruhen: dem Bewusstsein dessen, was Europa seit mehr als einem Jahrtausend im Guten wie im Bösen verbunden hat, und der Erinnerung an das, was die Europäer über Jahrhunderte hinweg trennte. Auch Trennungen können verbinden." (Winkler 2006: 37)

3.2 Nutzen der Erweiterung

„Imperiale Überdehnung tritt in Krisensituationen und Phasen gesteigerter Herausforderungen auf. Genau das ist seit einigen Jahren in Europa der Fall, (…] (Münkler 2017: 111) Erweiterungen und damit verbundene steigende Macht bringen zunächst eine Stabilisierung und Euphorie mit sich. Die Aufrechterhaltung funktioniert nur durch Expansion und Steigerung der Einflüsse von der EU-Ebene. Dieses Prinzip der zwanghaften Erweiterung ist insbesondere nötig, wenn die Bestandsländer den gewünschten Effekt nicht erbringen oder, anders ausgedrückt, in ihrer Kraft nachlassen. „Die Erweiterung, so argumentieren die Befürworter, bringe Demokratie, Rechtsstaatlichkeit und Achtung der Menschenrechte. Erweiterung verschaffe den Mitgliedstaaten eine größere Energiesicherheit, vergrößere die Chancen zur Bekämpfung von Terrorismus und Kriminalität und verhindere die Ausweitung von religiösem Fundamentalismus oder russischer Dominanz. Das sind geostrategische Argumente, die ernst zu nehmen sind. Wie etwa jenes, die Erweiterung fülle ein Machtvakuum, das sonst von Russland oder dem Islam oder anderen Dritten besetzt werde." (Hänsch 2009: 72) „Neben dem Sicherheits- und dem Brückenargument spielt bei den Geostrategen der Wunsch nach Weltgeltung eine wichtige Rolle. [...] Denn nur bei gemeinsamen Außengrenzen mit Syrien, dem Irak und dem Iran werde die EU langfristig mit Großmächten wie den USA, Russland, China und Indien Schritt halten können." (Winkler 2006: 40 f.) Auch sehen die Befürworter der EU-Erweiterung, die in den meisten Fällen Geostrategen sind, das eben erwähnte Brückenargument als den wichtigsten ausschlaggebenden Punkt an. Kulturell, wirtschaftlich und politisch bedeutet dies, dass „durch die offensichtliche Ausweitung des Westens nach Osten die Bezeichnungen ‚Ost' und ‚West' ihren Sinn verloren [haben]. Sie taugen nicht mehr als Beschreibung einer gegenwärtigen Situation. Wo sie nach wie vor in Gebrauch sind, bezeugen sie nur mehr die Beharrungskräfte einer in Jahrzehnten etablierten mentalen Ordnung, der die dazugehörige Realität abhanden gekommen ist" (Barbato 2015: 283) Das Machtgefüge geopolitisch zu verlagern ist ein Ansporn zur politischen, gesellschaftlichen und sozialen Besserung von vielen Staaten im Hinblick auf mögliche Aufnahmen, wie z. B. bei dem Fall von Rumänien oder

Bulgarien. „Die Europäische Union war und bleibt die überzeugendste Antwort auf das Identitätsproblem Europas, das sich im 20.Jahrhundert zu aggressivem Nationalismus, hypertropher Machtpolitik und blinder Kriegswut gesteigert hatte." (Kühnhardt 2017: 3) Zusammenfassend betrachtet bringt die EU und eine Mitgliedschaft viele Vorteile mit sich. Sie kann einen Modernisierungsprozess starten und beschleunigen, sie bringt Demokratisierung (insbesondere in ehemaligen sozialistischen Staaten), erhöhtes Wirtschaftswachstum durch einen Binnenmarkt, daraus resultiert eine Erhöhung von Steuereinnahmen, Steigerung und/oder Verwirklichung von Bildungs- und Arbeitschancen, Herstellung der Reisefreiheit, Subventionen und EU-Hilfen, Auslebung des Solidaritätsprinzips, partnerschaftliche justizielle Zusammenarbeit im Kampf gegen länderübergreifende Verbrechen und Korruption. (vgl. Füle 2014: 10f.) „Der Erweiterungsprozess bringt den Beitrittsländern nicht nur mehr Wohlstand, sondern auch Stabilität, Sicherheit und Rechtsstaatlichkeit" (Füle 2014: 10) Ein Beispiel hierfür ist anzuführen mit den „[...] Verhandlungen [der] jetzigen neuen Mitgliedstaaten in Mittel- und Osteuropas [dort] war es das Ziel dieser Staaten, für sich selbst Demokratie und Rechtsstaatlichkeit zu erreichen. Die Türkei und die Staaten des westlichen Balkans hingegen führen Reformen durch, um Mitglied der Europäischen Union zu werden. (Hänsch 2009: 72)

Inzwischen lässt sich die Neurekrutierung neuer potentieller EU-Länder nur noch bedingt umsetzen. Insbesondere nach dem Abschluss der Neuformierung des östlichen Europas, also der Abschaffung des Kommunismus/Sozialismus in Osteuropa herrscht keine Demokratisierungseuphorie mehr. (vgl. Barbato 2015: 282 ff.) Spätestens nach den enormen Erweiterungen im Jahre 2004 und 2007 herrscht eine Beitrittsmüdigkeit anderer potentieller Beitrittskandidaten.(vgl. Faber 2007: 106)

3.3 Grenzen der Erweiterung

Im Hinblick auf permanente Wachstumsbestrebungen wird klar, dass Erweiterungen ein Anwachsen der Staatengemeinschaft mit sich bringen. Dieses Mitgliederwachstum ist schon im Vorfeld begrenzt, da sich die EU nur auf europäischem Boden ausbreiten und irgendwann nicht mehr weiter anwachsen kann. „Die geographischen Grenzen Europas sind andere als die kulturellen, die kulturellen wiederum sind andere als die historischen, die historischen wieder andere als die wirtschaftlichen und diese wieder andere als die politischen. Und deswegen sagen weder die bisherigen Verträge, noch der Verfassungsvertrag und auch nicht der Vertrag von Lissabon etwas über die Grenzen Europas. Die Grenzen der Europäischen Union sind eine Wertfrage und eine politische Willensentscheidung." (Hänsch 2009: 72) Um dies zu verdeutlichen, werden drei Ebenen der Erweiterung beispielhaft herangezogen. Die möglichen Grenzen der kulturellen, die der politischen und der wirtschaftlichen Integration.

7

Die kulturellen Grenzen können nicht klar definiert und abgegrenzt werden. Die europäischen Kulturen und Bräuche, die auch innerhalb eines Landes höchst differenziert sind, weisen keine Möglichkeit einer Einigung und Integration auf. „[...] je mehr die Globalisierungsprozesse eine Weltzivilisation ausprägen, desto mehr bestehen Kulturen auf ihrer Eigenwertigkeit. Kulturen sind nicht gleich und wollen es nicht sein. Ihr lateinischer Wortsinn deutet an, dass es sich bei Kultur im Gegensatz zu Ideologien und Strukturen um langsam gewachsene Traditions- und Wertebestände handelt, die auch nur langsam zu ändern sind." (Theisen 2010: 1062) Anders verhält es sich mit kulturell verwachsenen Bildungssystemen, welche aufgespalten und stark verändert werden. „Beispielhaft für den inneren Überdehnungsprozess sei hier die Gleichschaltung der Bildungssysteme hervorgehoben, mit der die Gleichheits- und Einheitsideologie sogar die Hälfte der Kultur selbst in Frage stellt." (Theisen 2010: 1060) Ein markantes und in Fachkreisen oft diskutiertes Beispiel hierfür ist die Bologna-Reform, die eine Angleichung und Vereinheitlichung, aber auch eine Gleichschaltung und in einigen Ländern sogar eine Inflationierung des Bildungsstandards brachte und damit auch die Kultur in gewisser Weise vereinheitlichte.

Die Verflechtung und Kompetenzzuweisung zwischen den Nationalstaaten und der EU hat ihre politischen Grenzen. Die Entscheidungsträger der EU können zwar wie bisher politische Fragen, die einheitlich Europa betreffen, regeln und diktieren, dies ist von den EU-Bürgern auch legitimiert, jedoch finden unter vermehrter Kritik und Aufbegehren der Nationalstaaten immer mehr Gesetze und Entscheidungen zu tief in der Gesetzgebungskompetenz der einzelnen Staaten statt. Zunehmende Kompetenzstreitigkeiten zwischen EU und den Mitgliedsländern über nationale Angelegenheiten setzen eine politische Grenze, die den Machtbereich der EU definieren. Hinzu kommt, dass es bei zu vielen staatlichen Akteuren auf der EU-Ebene zu einer Unvereinbarkeit kommt, was bedeutet, dass zu viele Meinungen, Interessen und Standpunkte nicht mehr bündelbar sind. Verstärkt wird dieser Effekt durch weitere Mitgliedsstaaten. „Und der Dreh- und Angelpunkt für solche Überlegungen ist der Beitritt der Türkei. Wenn er erfolgt, gibt es kein Argument mehr, der Ukraine, Moldawien, Georgien, Armenien oder anderen Ländern die Mitgliedschaft zu verwehren. In geostrategischen Konflikten an ihrer Peripherie wäre die Europäischen Union nicht länger in der Lage, ihre Rolle als Vermittlerin auszuüben, da die Länder in den Konfliktregionen dann selbst Mitglieder der Europäischen Union wären. Einer solchen Entwicklung ist die EU in ihrer heutigen Struktur und Funktion nicht gewachsen." (Hänsch 2009: 72 f.) Die Frage nach den Grenzen der politischen Integrationsfähigkeit der EU kann mit der Bündelbarkeit der politischen Interessen und nationalstaatlichen Systeme beantwortet werden. „Die EU ist eine Rechts- und Staatengemeinschaft, die innerhalb ihrer Grenzen umverteilt und damit als Solidargemeinschaft handelt. Ein solches Groß-Gemeinwesen muss den Minimalanforderungen der Staatlichkeit genügen. Die Verschränkung von Handlungsfähigkeit und Legitimität wird mit jeder Erweiterung schwieriger. Je heterogener die Mitgliedstaaten werden, desto unwahrscheinlicher wird es, dass konsensbasierte Entscheidungsverfahren noch Handlungsfähigkeit gewährleisten und dass nicht konsensorientierte Entscheidungsverfahren noch Legitimität gewinnen." (Theisen 2010: 1060) Aus der begrenzten politischen Integrations- und Aufnahmefähigkeit leitet sich auch die wirtschaftliche Aufnahmekapazität ab. Die Bündelung der Wirtschaftsgemeinschaft ist ein ebenso komplexer und begrenzt möglicher Faktor. „Beeinträchtigt wird das Machtgefüge durch eine Veränderung des Verhältnisses großer zu kleinen Staaten, wirtschaftlich starker (Nettozahler) zu wirtschaftlich schwachen (Nettoempfänger) Ländern, sowie durch weit heterogenere Positionen in den Politikfeldern, von der Agrarpolitik, über die Fischerei, bis hin zur Wettbewerbspolitik. (Dieringer 2004: 167) Die Bereitschaft zum solidarischen Wirtschaftsausgleich von zahlenden Mitglieder Mitgliedern nimmt ab und die der Länder, die Unterstützung benötigen und Wirtschaftsanpassungsprozesse durchlaufen (insbesondere neue Mitgliedsstaaten), nimmt zu. Für die Bevölkerungen der Staaten zwischen Finnischem Meerbusen und der Adria steht die Osterweiterung der EU symbolisch für den Endpunkt schmerzlicher politischer, wirtschaftlicher und gesellschaftlicher Anpassungsprozesse." (Dieringer 2004: 167) Diese Anpassungsprozesse sind begrenzt von den Mitgliederländern durchführbar, weil aufgrund der zunehmenden Größe zu viele gesellschaftliche, politische und wirtschaftliche Unterschiede bestehen.

3.4 Probleme der Erweiterung

„Die Handlungsfähigkeit der Europäischen Union wird nicht primär durch die Zahl ihrer Mitglieder (denken wir an die fünfzig Staaten der USA), sondern durch Fremdheit mancher Mitglieder gegenüber dem kulturellen Kern des westlichen Europas gefährdet." (Theisen 2010: 1062) Das Solidaritätsprinzip greift, wie bereits im vorhergehenden Kapitel erwähnt, immer weniger, nicht nur durch die abnehmende Bereitschaft, für andere Mitglieder zu zahlen, sondern auch weil die Legitimität durch die Bevölkerung und ein Verständnis bei Aufnahme neuer Mitgliedsländer sinkt. Verstärkt wird dies insbesondere auch durch den Umbruch in der Parteienlandschaft, da hier viele politische Parteien vorhanden sind, die als neue Vetospieler agieren. Die verstärkte Ausrichtung der EU, sich international zu profilieren und durchzusetzen, führt zur internen Vernachlässigung und zum Strukturabbau, während die Masse aufgebaut wird. „Die erzwungene Integration des Unterschiedlichen hat dazu geführt, dass sich die sechzehn Länder der Eurozone ineinander verstrickt und damit ihre Stabilität und Handlungsfähigkeit gefährdet haben. Wenn das schwächste Glied in der Kette die gesamte Kette wertlos zu machen droht, handelt es sich um den klassischen Überdehnungsfall, der immer wieder, in jeweils anderer

Gestalt, eine der wesentlichen Ursachen für den Niedergang großer Mächte und Vereinigungen gewesen ist." (Theisen 2010: 1059) Die Unvereinbarkeit der Größe und damit die erschwerte Regierbarkeit führen zu Entscheidungsmüdigkeit und damit zu Legitimationsproblemen und abnehmendem Rückhalt der EU-Bevölkerung und nicht zuletzt auch zur Unfähigkeit, sich in der Welt zu behaupten. „Die Erweiterung auf 28 Mitgliedstaaten untergräbt nicht nur ihre Handlungsfähigkeit, sondern auch die gemeinsame Wertegrundlage der Gemeinschaft und die Voraussetzungen für Solidarität." (Kempin/Maul 2016: 82) „Die Mitglieder der EU müssen bereit sein, Teile ihrer Souveränität mit den anderen Mitgliedern zu teilen oder an die Union zu übertragen [um auch selbst an Einfluss zu gewinnen]." (Winkler 2006: 39) Die Erweiterung wird für das wirksamste Instrument gehalten, um sich in der internationalen Politik zu etablieren und durchzusetzen. Dabei werden die Größe und das Gewicht der EU miteinander verwechselt. Größe führt zu einem geopolitischen Raum. Gewicht hingegen zu einer europäischen Einheit. (vgl. Hänsch 2009: 72) „Das Erweiterungskonzept hat bisher funktioniert, weil es auf einen politisch überschaubaren und kulturell fassbaren, demokratisch legitimierten Raum bezogen war und weil es auf ein erkennbares und erreichbares Ziel hinauslief. Jede politische Organisation, ob Staat oder nicht, braucht ein Mindestmaß an Zusammengehörigkeitsgefühl und an Solidarität. [...] Die Zustimmung zur EU-Erweiterung ist in allen Mitgliedstaaten gesunken. [...] Bereits der Beitritt von Bulgarien und Rumänien ist der Bevölkerung kaum noch zu vermitteln gewesen." (Hänsch 2009: 73)

3.5 Kopenhagener Kriterien

Zum heutigen Überdehnungsprozess der EU und dessen Problematik tragen die Kopenhagener Kriterien signifikant bei. Diese legen den Rahmen und das Programm von Neuaufnahmen fest und definieren dabei die Aufnahmebedingungen potenzieller neuer EU-Mitglieder. Die Kriterien sind jedoch „[...] vage kritisiert, fragwürdig ist auch, dass die Kriterien Demokratie, Rechtsstaatlichkeit, Menschen- und Minderheitsrechte gleichwertig nebeneinander gestellt werden, obwohl Demokratie ohne die folgenden Begriffe undenkbar ist. Zudem werden die Begriffe „demokratische und rechtsstaatliche Ordnung", Wahrung der Menschenrechte sowie Achtung und Schutz nicht ausdifferenziert." (Geißler 2013: 206) Auch die politische Instrumentalisierung und damit einhergehend die Dehnung der Beitrittskriterien sind kritisch zu sehen. So ist die objektive verfrühte Vollmitgliedschaft Rumäniens und Bulgariens politisch durchgeführt worden, indem die EU die Kopenhagener Beitrittskriterien von 1993 so weit gedehnt hat, dass sie als vollwertige Mitglieder aufgenommen werden konnten. Ohne diese Dehnung wäre es wohl erst viel später und unter unzähligen Auflagen zur Aufnahme gekommen. (vgl. Winkler 2006: 38) Zudem kommt hinzu, dass die EU-Kommission „[...] bei der Zuerkennung des Kandidatenstatus davon gesprochen [hat], dass die allgemeinen Beitrittskriterien nur bis zu einem gewissen Grad erfüllt sein müssen. Das war bei Kroatien und der Türkei bereits deutlich und wird bei den Staaten des westlichen Balkans fortgesetzt." (Hänsch 2009: 72)

4. Die Herstellung der Handlungsfähigkeit der EU

4.1 Ausdehnung und Vertiefung

Im Hinblick auf die letzten Jahre kann festgestellt werden, dass die EU nur noch in einer Art Krisenmodus agiert. (vgl. Kempin/Maul 2016: 80) „[Die] Anziehungskraft des europäischen Wirtschaftsraums verliert angesichts der Stagnation und der aufgestauten Strukturprobleme insbesondere in den Mittelmeerstaaten an Gewicht. Und schließlich sind die übrigen außen- und sicherheitspolitischen Instrumente der EU – wie die Perspektive eines EU-Beitritts als politischer wie gesellschaftlicher Reformmotor oder die Europäische Nachbarschaftspolitik als transformatives Element – faktisch nicht mehr verfügbar beziehungsweise gescheitert." (Kempin/Maul 2016: 81) Die Europäische Union ist in ihrem Bewegungsspielraum, gemessen an der weltweiten politischen Bühne, klein und stark eingeschränkt. Eine Ausdehnung würde dies ändern, jedoch würde sie mit zunehmender Größe, wie bereits analysiert, dadurch noch mehr an mangelnder Integrationsfähigkeit und politischer Entscheidungslosigkeit leiden. Eine reine Ausdehnung ohne eine fundamentale Sicherung und Integration des eigenen Mitgliederbestandes würde zur Bedeutungslosigkeit führen. Anne Faber beschreibt einen Mechanismus, der eine Ausdehnung unabdingbar macht, um eine innere Stabilität zu erreichen. Dabei werden durch eine Erweiterung der EU automatisch verschiedene Reformprojekte angestoßen und umgesetzt. Dies war auch in den vergangenen Erweiterungsrunden der Fall, jedoch wurden die Umsetzungen und die Anpassungsfähigkeit durch viele Vetospieler stark gehemmt. (vgl. Faber 2007: 112) In der theoretischen Betrachtung ist eine Ausdehnung mit einer hiermit einhergehenden Vertiefung sinnvoll und zielführend und hilft auch bei der so dringend benötigten Stabilität, jedoch förderte die praktische Umsetzung in der Vergangenheit eher die Bedeutungslosigkeit. Eine Ausdehnung kann jedoch funktionieren, wenn eine durchdachte und durchgeplante gleichzeitige Vertiefung stattfindet. Die Hürden und Aufgaben dafür sind allerdings hoch. Durch europäische Identitätsprobleme der Nationalstaaten jedoch kommt es immer nur zu einer differenzierten Integration. „Die differenzierte Integration erlaubte es den Mitgliedstaaten [...], ein instrumentelles Verhältnis zu Vereinheitlichung und Harmonisierung zu entwickeln – sie gehen in der EU nur so weit, wie sie es im nationalen Interesse für gewinnbringend halten. Die Erweiterung auf 28 Mitgliedstaaten untergräbt nicht nur ihre Handlungsfähigkeit, sondern auch die gemeinsame Wertegrundlage der Gemeinschaft und die Voraussetzungen für Solidarität.[...] Obendrein hat sie aufgrund integrationspolitisch ehrgeiziger, aber unzulänglich umgesetzter Projekte empfindlich an Handlungsfähigkeit eingebüßt." (Kempin/Maull 2016: 82) Es bleibt die Frage, ob eine Erweiterung diese inneren Probleme wirklich beseitigen kann oder ob sie diese nur noch verschärft. Eine Ausdehnung ist eine Chance für Stabilität, genauso wie für eine Instabilität und Bedeutungslosigkeit, je nachdem wie die Herangehensweise und die Entwicklung der Mitgliedsstaaten sind. Eine reine Ausdehnung ist selbstzerstörerisch. „Die [möglichen] Folgen lassen sich leicht beschreiben: politische Agonie des Gesamtverbandes EU oder dessen Zerfall in drei Teile: eine Nord-, eine Süd- und eine Ost-EU." (Münkler 2017: 115 f.)

4.2 Stagnation und Rückbau

Es bleibt neben der reinen Ausdehnung und der Mischung zwischen Ausdehnung und Vertiefung noch die Stagnation oder sogar der Rückbau der Mitgliederstärke der EU als Möglichkeit offen zu untersuchen. „Wenn sich die EU der 28 als funktionstüchtig und handlungsfähig erweist, dann, aber auch nur dann kann sie auch wieder an eine Erweiterung indem Teil Europas denken, der dringend einen Stabilisator braucht [...]." (Winkler 2006: 43) Eine Stagnation der Mitgliederstärke würde zu einer Möglichkeit der stärkeren Stabilisierung führen, jedoch auch zu einem internationalen Bedeutungsverlust in der Politik, da sich die EU nur noch auf innere Angelegenheiten konzentrieren müsste und andere Aufgaben und Möglichkeiten nur noch beschränkt wahrnehmen könnte. Jedoch muss erinnert werden: „Es ist erst der hohe Grad an erreichter Integration, der das heutige hohe Maß an Europakritik möglich gemacht hat." (Kühnhardt 2017: 3) Dementsprechend klar ist, dass eine weitere Integrationsarbeit im Kern der EU zu noch mehr Kritikstandpunkten führen könnte statt zu einer Einigung und Verbundenheit. „Mit 27 Mitgliedstaaten kann es so nicht funktionieren. Jeder Widerstand in den einzelnen Mitgliedsstaaten, aus welchen Gründen auch immer, verzögert die Wiederherstellung der Handlungsfähigkeit." (Hänsch 2009: 73) Diese Wiederherstellung der Handlungsfähigkeit kann jedoch Jahrzehnte in Anspruch nehmen und sie wäre dann auch nur im Inneren der EU gewährleistet, während in der Außenpolitik, die vernachlässigt werden müsste, das Gegenteil der Fall wäre. Eine weitere Möglichkeit wäre der geordnete Rückzug bzw. Ausschluss von EU-Ländern, die gegen Kriterien verstoßen haben oder diese bis heute nicht erfüllt haben. Jedoch kann solch ein Ausschluss zur Destabilisierung führen, da jedes Land fest eingebunden ist und eine Herauslösung zu unabschätzbaren Folgen führen kann. Andererseits wäre eine Verschlankung der EU ein Mittel, wenn es legitimiert wird, um sich zu regenerieren, sich finanziell und wirtschaftlich zu verbessern und zu einer neuen Stärke zu kommen. Ein Abbau der Mitgliederstärke kann ein Schlüssel sein. Faber fasst die Frage nach einer Erweiterung oder Vertiefung der EU wie folgt zusammen: „Erstens, dass Erweiterung und Vertiefung sich in der bisherigen Entwicklung des Integrationsprozesses ebenso stark wechselseitig bedingt haben, wie sie sich momentan gegenseitig zu behindern scheinen. Der Satz, Ohne Erweiterung keine Vertiefung, und ohne Vertiefung keine Erweiterung gilt daher ebenso wie der Satz Jede Erweiterung erhöht die Hürden für eine neuerliche Vertiefung, und jede Vertiefung erhöht die Hürden für neue Beitritte. […] Zweitens sind alle drei klassischen Strategien, die auf europäischer Ebene die politische Vertiefungs- und Erweiterungsdebatte dominieren, nicht in der Lage, zu einer nachhaltigen und zukunftsorientierten Neuorientierung […] beizutragen. (Faber 2007: 113)

Weitere Entwicklungsoptionen soll die nachfolgende Tabelle von Faber aufzeigen.

Erweitern \ Vertiefen	erstrangig	zweitrangig	nie
erstrangig	Gleichzeitig erweitern und vertiefen	Zunächst erweitern, um dann zu vertiefen	Erweitern, nicht aber vertiefen
zweitrangig	Zunächst vertiefen, um dann zu erweitern	Nach einer Phase der Konsolidierung auf der Basis des Status quo gleichzeitig erweitern und vertiefen	Nach einer Phase der Konsolidierung auf der Basis des Status quo weitere Erweiterungs- projekte vorsehen, nicht aber vertiefen
nie	Vertiefen, nicht aber er- weitern	Nach einer Phase der Konsolidierung auf der Basis des Status quo weitere Vertiefungspro- jekte vorsehen, nicht aber erweitern	Weder erweitern noch vertiefen, sondern eine langfristige Phase der Konsolidierung auf der Basis des status quo vorsehen

(Grafik: Faber 2007: 105)

5. Resümee und Schlussbetrachtung

Um ein globaler Akteur zu werden, muss Europa erst einmal lernen, mit einer Stimme zu sprechen. Wenn die EU das tun will, muss sie sich auf ein europäisches Wir-Gefühl stützen können. Wächst die Union über das Gebiet hinaus, in dem gemeinsame Prägungen und Erfahrungen Ansätze für ein solches Wir-Gefühl bieten, tritt sie in die Phase der Überdehnung ein. Meist werden die räumliche Ausdehnung und die politische Kraft miteinander verwechselt. Eine weitere Aufnahme von Mitgliedern ist kein Instrument der Außenpolitik, sondern eine Frage nach der Existenzsicherung und dem weiteren Fortbestehen der EU. Die EU kann und darf nicht weiter anwachsen, sondern

13

muss sich selbst finden, sich profilieren, sich im Inneren wie auch im Äußeren anpassen, integrieren und sich dann mit aller Stärke auf globaler Ebene bewegen. Weitere Aufnahmen sind dann erst möglich und sinnvoll, auch um eine Integrationsfähigkeit gewährleisten zu können. Die Höhe der Integration muss die EU selbst erst einmal finden, erst dann kann sie über weitere Eintrittsgesuche überhaupt entscheiden und Verträge aushandeln. Aber auch dann kann die EU nicht alle Staaten aufnehmen, die ihr beitreten wollen. Sie darf sie allerdings nicht verprellen, sondern muss ihnen zeigen, dass es mehr Dinge zwischen „Drinnen" und „Draußen" gibt als die Unterscheidung zwischen Mitglied und Nicht-Mitglied. (vgl. Hänsch 2009: 73) Erreicht werden kann dies durch durchdachte separate Verträge mit der EU, anstatt durch eine Aufnahme, die die Integrationsfähigkeit der EU belastet. Dies wäre eine Ideallösung, auch um eine Art Wartehalle für eine zukünftige Mitgliedschaft herzustellen.

„[Die Lösung hierbei wäre die] Schaffung eines dichten, zugleich aber auch durchlässigen und flexiblen Netzwerkes aus Koordinations-, Partnerschafts- und Assoziierungsverträgen mit den Staaten, die der Union nicht angehören können, wollen oder sollen. Dieses Netzwerk könnte die Zusammenarbeit zum Schutz der Umwelt, zur Schaffung von Arbeitsplätzen, zur transkontinentalen Entwicklung der Telekommunikation, zur Sicherung der Energieerzeugung oder zur Bekämpfung des Terrorismus organisieren. Und dies alles nicht auf Grundlage einer Mitgliedschaft, sondern einer Partnerschaft, einer konföderalen Zusammenarbeit." (Hänsch 2009: 73) Geographisch kann die maximale Größe der EU abgesteckt werden. Die Beibehaltung der heutigen Grenzen im Osten und Süden, im Norden und Westen sind sie natürlich gesteckt. (vgl. Hänsch 2009: 72) Die EU sollte erst einmal über einen langen Zeitraum nicht größer werden und dies kann sie zurzeit auch nicht, ansonsten ist ein Zusammenbruch der Gemeinschaft aufgrund der Überdehnung abzusehen. Mit dem „großen Sprung", wie ihn Oppermann beschrieben hat, kann eine Grenze der verträglichen Erweiterung gezogen werden. Dies bedeutet, ab diesem Moment hatte die EU ihre gesunde Integrationsfähigkeit erreicht, wenn nicht sogar leicht überschritten. Dementsprechend definiert die Integrationsfähigkeit der EU die Mitgliederanzahl. Die maximale Mitgliederanzahl hat die EU unter den heutigen Bedingungen, die sie zu bieten hat, erreicht, wenn nicht sogar leicht überschritten. Der Überdehnungsprozess, der sich in den Anfängen befindet, beginnt eine Selbstzerstörung einzuleiten. Ob die EU noch handlungsfähig genug ist, dieser entgegenzuwirken, oder ob es bereits zu spät ist, kann in dieser Arbeit nicht abschließend geklärt werden. Die richtige Mitgliedergröße für die EU ist die, welche wirtschaftlich, politisch und kulturell verträglich ist und die eine Integrationsfähigkeit zumindest im Kern nicht behindert oder stagnieren lässt.

6. Bibliographie

Barbato, Mariano (2015): Europäische Zwischenergebnisse. 25 Jahre Revolution in Mittel- und Osteuropa, 10 Jahre Erweiterung der Europäischen Union, in: Zeitschrift für Politikwissenschaft, 25, 2, S. 271-292.

Dieringer, Jürgen (2004): Die Europäische Union nach der Osterweiterung aus der Sicht der neuen Mitgliedstaaten, in: Budrich Journals, 53, 2, S. 167-177.

Faber, Anne (2007): Die Weiterentwicklung der Europäischen Union: Vertiefung versus Erweiterung?, in: integration, 30, 2, S. 103-116.

Feld, Lars P./ Schmidt, Christoph M./ Schnabel, Isabel/ Wieland, Volker (2015): Europäische Union-Vertiefung möglich und nötig?, in: Wirtschaftsdienst, 95, 9, S. 583-602.

Füle, Stefan (2014): Erweiterung. Die europäischen Werte und Standards in mehr Länder tragen, Luxemburg: Europäische Kommission.

Geißler, Thorsten (2013): Rechtsstaatliche Probleme bei der EU-Erweiterung. Erfahrungen aus dem EU Beitritt Bulgariens und Rumäniens – 10 Thesen zu künftigen Erweiterungen, in: Zeitschrift für Rechtspolitik, 205, 7, S. 205-209.

Hänsch, Klaus (2009): Perspektiven der europäischen Integration, in: Die Europäische Union nach dem Vertrag von Lissabon, Wiesbaden: Verlag für Sozialwissenschaften, S. 69-78.

Kampin, Ronja/ Maul, Hanns W. (2016): Weniger und besser ist mehr, in: Internationale Politik, 71, 6, S. 80-87.

Kühnhardt, Ludger (2017): Weltfähig werden. Die europäische Union nach dem Biedermeier, Bonn: Zentrum für Europäische Integrationsforschung.

Münkler, Herfried (2017): Deutsche Hegemonie in Europa? Über die Rolle und Aufgaben einer „Macht in der Mitte", in: Europas Ende, Europas Anfang: neue Perspektiven für die Europäische Union, Frankfurt, New York: Campus Verlag, S. 103-116.

Oppermann, Thomas (2007): Von der Gründungsgemeinschaft zur Mega-Union. Eine europäische Erfolgsgeschichte?, in: Das Deutsche Verwaltungsblatt, 122, 6, S. 329-336.

Theisen, Heinz (2010): Überdehnungsschmerzen. Die Europäische Union muss ihre Grenzen definieren, in: Merkur, 64, 738, S. 1059-1067.

Winkler, Heinrich August (2006): Weltmacht durch Überdehnung? Ein Plädoyer für europäischen Realismus, in: Merkur, 681, 60, S. 36-43.

BEI GRIN MACHT SICH IHR WISSEN BEZAHLT

- Wir veröffentlichen Ihre Hausarbeit,
  Bachelor- und Masterarbeit

- Ihr eigenes eBook und Buch -
  weltweit in allen wichtigen Shops

- Verdienen Sie an jedem Verkauf

Jetzt bei www.GRIN.com hochladen und kostenlos publizieren